LIBRO RECOMENDADO

Jarosław Jankowski

¿Sabes quién eres?
Una guía por los 16 tipos de personalidad ID16™©

¿Por qué somos tan diferentes? ¿Por qué asimilamos la información de forma distinta, descansamos de otra manera, tomamos decisiones de otra forma y organizamos de manera diferente nuestra vida?

«¿Sabes quién eres?» te permitirá comprenderte mejor a ti mismo y a los demás. El test ID16 ™© incluido en el libro te ayudará a determinar tu tipo de personalidad, ofreciéndote una valiosa introspección.

Tu tipo de personalidad:

Estratega
(INTJ)

Tu tipo de personalidad:
Estratega
(INTJ)

JAROSŁAW JANKOWSKI

LOGOS MEDIA

Tu tipo de personalidad: Estratega (INTJ)

Esta publicación puede ayudarte a utilizar mejor tu potencial, a crear relaciones saludables con otras personas y a tomar buenas decisiones en lo relativo a la educación y la carrera profesional. Sin embargo, en ningún caso debería ser tratada como un sustituto de una consulta psicológica o psiquiátrica especializada. El autor y el editor no asumen la responsabilidad por los eventuales daños resultantes de un uso indebido de este libro.

ID16™© es una tipología de la personalidad original. No se la debe confundir con las tipologías y los test de personalidad de otros autores o instituciones.

Título original: Twój typ osobowości: Strateg (INTJ)

Traducción del idioma polaco: Ángel López Pombero, Lingua Lab, www.lingualab.pl

Redacción: Xavier Bordas Cornet, Lingua Lab, www.lingualab.pl

Redacción técnica: Zbigniew Szalbot

Editor: LOGOS MEDIA

ISBN (versión impresa): 978-83-7981-191-5
ISBN (EPUB): 978-83-7981-192-2
ISBN (MOBI): 978-83-7981-193-9

Índice

Prólogo

Tu tipo de personalidad: Estratega (INTJ) es un extraordinario compendio de conocimiento acerca del *estratega*, uno de los 16 tipos de personalidad ID16™©.

Esta guía es parte de la serie ID16™©, formada por 16 libros dedicados a los diferentes tipos de personalidad. De forma exhaustiva y clara responden a las siguientes preguntas:

- ¿Qué piensan y sienten las personas que pertenecen a un determinado tipo de personalidad? ¿Cómo toman las decisiones? ¿Cómo solucionan los problemas? ¿De qué tienen miedo? ¿Qué les irrita?

- ¿Con qué tipos de personalidad se relacionan y cuáles evitan? ¿Qué tipo de amigos, cónyuges, padres son? ¿Cómo los ven los demás?

- ¿Qué predisposiciones profesionales tienen? ¿En qué entorno trabajan de manera más efectiva? ¿Qué profesiones se corresponden mejor con su tipo de personalidad?

- ¿En qué son buenos y en qué deben mejorar? ¿Cómo deben aprovechar su potencial y evitar las trampas?

- ¿Qué personas conocidas pertenecen a un determinado tipo de personalidad?

- ¿Qué sociedad muestra más rasgos característicos de un determinado tipo?

En este libro también encontrarás la información más importante sobre la tipología ID16™©.

Esperamos que te ayude a conocerte mejor a ti mismo y a los demás.

EDITORES

ID16™© entre las tipologías de personalidad de Jung

ID16™© pertenece a la familia de las denominadas tipologías de personalidad de Jung, que hacen referencia a la teoría de Carl Gustav Jung (1875 – 1961), psiquiatra y psicólogo suizo, uno de los principales representantes de la denominada psicología profunda.

Sobre la base de muchos años de estudio y observación, Jung llegó a la conclusión de que las diferencias en las actitudes y las preferencias de las personas no son casuales. Creó la división, bien conocida hoy en día, entre extrovertidos e introvertidos. Además, distinguió cuatro funciones de la personalidad, que forman dos pares de factores contrarios: percepción – intuición y pensamiento – sentimiento. Estableció también que en cada una de estas parejas domina una de las funciones. Jung llegó a la convicción de que las funciones dominantes de cada persona son permanentes e independientes de las condiciones externas y que su resultante es el tipo de personalidad.

En el año 1938 dos psiquiatras estadounidenses, Horace Gray y Joseph Wheelwright, crearon el primer test de personalidad basado en la teoría de Jung, que permitía determinar las funciones dominantes en las tres dimensiones descritas por él: **extroversión – introversión**, **percepción – intuición** y **pensamiento – sentimiento**. Este test se convirtió en una inspiración para otros investigadores. En el año 1942, también en suelo americano, Isabel Briggs Myers y Katharine Briggs comenzaron a emplear su propio test de personalidad, ampliando el clásico modelo tridimensional de Gray y Wheelwright con una cuarta dimensión: **juicio – percepción**. La mayoría de las tipologías y test de personalidad posteriores, referidos a la teoría de Jung, también toman en consideración esta cuarta dimensión.

Pertenecen a ellas, entre otros, la tipología americana publicada en el año 1978 por David W. Keirsey, así como el test de personalidad creado en Lituania en los años 70 del siglo XX por Aušra Augustinavičiūtė. En las décadas posteriores, investigadores de diferentes partes del mundo fueron tras sus huellas. Ellos crearon otras tipologías con cuatro dimensiones y varios test de personalidad adaptados a las condiciones y necesidades locales.

A este grupo pertenece la tipología de personalidad independiente ID16™©, desarrollada en Polonia por el pedagogo y mánager Jarosław Jankowski. Esta tipología, publicada en la primera década del siglo XXI, también se basa en la teoría clásica de Carl Jung. Al igual que otras tipologías de Jung contemporáneas, se inscribe en la corriente del análisis tetradimensional de la personalidad. En el marco de ID16™© estas dimensiones se llaman las **cuatro tendencias naturales**. Estas tendencias tienen un carácter dicotómico y su imagen proporciona información sobre el tipo de personalidad de la persona. El análisis de la primera tendencia tiene como objetivo determinar la **fuente de energía vital** dominante (el mundo exterior o el mundo interior). El análisis de la segunda tendencia determina la **forma dominante de asimilación de la información** (a través de los sentidos o a través de la intuición). El análisis de la tercera tendencia determina la **forma de toma de decisiones** dominante (según la razón o el corazón). El análisis de la cuarta tendencia determina, sin embargo, el **estilo de vida** dominante (organizado o espontáneo). La combinación de todas estas tendencias naturales da como resultado **16 posibles tipos de personalidad**.

La característica especial de la tipología ID16™© es su dimensión práctica. Esta describe los diferentes tipos de personalidad según se comportan en la acción: en el trabajo, en la vida diaria y en las relaciones con otras personas. No se concentra en la dinámica interna de la personalidad, ni tampoco intenta aclarar teóricamente procesos interiores e invisibles. Más bien se concentra en cómo un determinado tipo de personalidad se manifiesta al exterior y de qué forma influye sobre el entorno. Este acento en el aspecto social de la personalidad aproxima de cierto modo la tipología ID16™© a la tipología de Aušra Augustinavičiūtė anteriormente mencionada.

Cada uno de los 16 tipos de personalidad ID16™© es la resultante de las tendencias naturales de la persona. La inclusión en un determinado tipo no tiene, sin embargo, características evaluativas. Ningún tipo de personalidad es mejor o peor que los otros. Cada uno de los tipos es simplemente diferente y cada uno tiene sus puntos potencialmente fuertes y débiles. ID16™© permite identificar y describir estas diferencias. Ayuda a comprenderse a uno mismo y a descubrir nuestro lugar en el mundo.

Conocer el perfil propio de personalidad permite a las personas aprovechar en su totalidad su potencial y trabajar en las áreas que pueden causarles problemas. Este conocimiento constituye una ayuda inestimable en la vida diaria, en la solución de problemas, en la creación de relaciones sanas con otras personas y en la toma de decisiones acerca de la educación y la carrera profesional.

La determinación del tipo de personalidad no es un proceso de carácter arbitrario y mecánico. Cada persona, como «propietario y usuario de su personalidad» es plenamente competente para determinar a qué tipo pertenece. Su papel en este proceso es, por lo tanto, crucial. Esta autoidentificación puede realizarse analizando las descripciones de los 16 tipos de personalidad y estrechando gradualmente el campo de elección. Sin embargo, se puede elegir un camino más corto: utilizar el test de personalidad ID16™©. También en este caso, el «usuario de la personalidad» tiene un papel primordial, ya que el resultado del test depende exclusivamente de las respuestas del usuario.

La identificación del tipo de personalidad ayuda a conocerse a uno mismo y a los demás; no obstante, no debería ser tratada como una profecía que predestina el futuro. El tipo de personalidad nunca puede justificar nuestras debilidades o nuestras malas relaciones con otras personas (¡aunque puede ayudar a comprender sus motivos!).

En el marco de ID16™© el tipo de personalidad no es tratado como un estado estático, genéticamente determinado, sino como la resultante de características innatas y adquiridas. Este enfoque no quita importancia al libre albedrío, ni tampoco pretende clasificar a las personas. Abre ante nosotros nuevas perspectivas que nos animan a trabajar sobre nosotros mismos, ya su vez estas perspectivas

nos muestran las áreas en las que este trabajo es
más necesario.

Estratega (INTJ)

La personalidad a grandes rasgos

Lema vital: *Esto puede perfeccionarse.*

Independiente, marcado individualismo, con una enorme cantidad de energía interna. Creativo e ingenioso. Visto por los demás como competente y seguro de sí mismo y, a la vez, como distante y enigmático. Mira cada asunto desde una perspectiva amplia. Desea perfeccionar y ordenar el mundo que le rodea.

Bien organizado, responsable, crítico y exigente. Es difícil sacarlo de sus casillas, pero también es difícil satisfacerlo totalmente. Por lo general, tiene problemas para interpretar los sentimientos y emociones de otras personas.

Tendencias naturales del *estratega*:

- Fuente de energía vital: mundo interior.
- Asimilación de información: intuición.
- Toma de decisiones: razón.
- Estilo de vida: organizado.

Tipos de personalidad similares:

- *Lógico*
- *Director*
- *Innovador*

Datos estadísticos:

- Los *estrategas* constituyen el 1-2% de la población.
- Entre los *estrategas* predominan claramente los hombres (80%).
- El país que se corresponde con el perfil de *estratega* es Finlandia[1].

Código literal:

El código literal universal del *estratega* en las tipologías de personalidad de Jung es INTJ.

Características generales

Los *estrategas* son personas independientes, inteligentes y creativas con un rico interior. Su

---

[1] Esto no quiere decir que todos los habitantes de Finlandia pertenezcan a este tipo de personalidad, sino que la sociedad finlandesa, en su conjunto, tiene muchas características del *estratega*.

mundo está lleno de reflexiones, ideas y ocurrencias. Valoran el conocimiento y las competencias. Al analizar algún problema buscan más allá, bajo la superficie de los asuntos: son capaces de percibir aspectos que son invisibles para los demás. Se concentran en el futuro y no les gusta mirar hacia atrás. Los demás los perciben como personas «profundas» con grandes conocimientos.

Percepción y pensamientos

Normalmente son estrategas de primer nivel (de ahí la denominación de este tipo de personalidad). «Monitorizan» continuamente el mundo que les rodea buscando nuevas ideas. Son personas con una mente lúcida. Asocian diferentes hechos y datos concretos y descubren relaciones entre ellos. Hacen generalizaciones acertadas. Perciben rápidamente las condiciones y circunstancias cambiantes. Son conscientes de cómo puede desarrollarse una determinada situación. Tienen la habilidad de prever potenciales problemas y amenazas. Cuando alguna nueva idea surge en su mente empiezan inmediatamente a reflexionar sobre cómo ponerla en práctica. Nunca dejan de «monitorizar» el entorno y, en la medida en la que les van llegando nuevos datos, son capaces de verificar las estrategias anteriormente elegidas.

Los *estrategas* tienen la capacidad de realizar un análisis frío, objetivo e imparcial de los acontecimientos. Son excepcionalmente lógicos y racionales. Se guían por su propia intuición y confían mucho en ella. Presentan sus valoraciones y puntos de vista como algo evidente. Normalmente suponen de antemano que tienen razón (a menudo es realmente así). Les gusta resolver problemas complejos de naturaleza teórica. Sin embargo, las acciones repetitivas y rutinarias les fatigan.

Estudios

Por lo general, son muy indagadores. Cuando les interesa alguna idea intentan profundizar en ella y comprenderla en su totalidad. Ya desde su juventud tienen numerosos intereses y con el paso de los años sistematizan sus conocimientos, creando en su mente su mapa del mundo específico, que les permite comprender la realidad y los fenómenos que se producen en ella. Se caracterizan por su hambre de conocimientos y por su deseo de comprender el mundo. Aprenden solos, haciéndose preguntas y buscando respuestas para ellas. Analizan las relaciones causa-efecto entre fenómenos individuales y reflexionan acerca de los principios generales que rigen el comportamiento de las personas.

Les convencen los argumentos racionales. No toleran la incoherencia lógica en los conceptos, las contradicciones internas en los sistemas ni el solapamiento de competencia e ineficiencia en las organizaciones. A pesar de sus amplios conocimientos y buena orientación en el mundo, son conscientes de sus deficiencias. Si no conocen algo, no aparentan ser expertos y reconocen abiertamente su ignorancia. También suelen aprender de sus propios errores, para luego sacar conclusiones para el futuro.

Organización

Los *estrategas* tienen afición por el orden y no toleran el despilfarro ni el caos. Por su carácter, son perfeccionistas, y son capaces de mejorar y perfeccionar ilimitadamente aquello de lo que se ocupan. Sin embargo, también son extremadamente pragmáticos. Cuando perciben nuevas tareas en el horizonte pueden renunciar a mejorar algo que ya funciona bien, para entregarse a los nuevos retos.

Cuando se ocupan de algo, se esfuerzan por hacerlo a la perfección. No son capaces de realizar conscientemente tareas por debajo de sus posibilidades. Llevar los asuntos hasta el final supone para ellos una satisfacción, y acto seguido se sienten liberados, por lo que eso les permite concentrarse totalmente en nuevos retos.

Decisiones

Por lo general les gusta tener tiempo para tomar decisiones, pensar bien en las diferentes opciones y meditar sus posibles consecuencias. Se sienten incómodos en situaciones que requieren una actuación rápida o improvisación.

Los *estrategas* son muy independientes. A veces simplemente parecen «incompatibles» con el entorno. Las opiniones y las conductas de otras personas prácticamente no influyen en su comportamiento. A menudo, sorprenden con sus decisiones a los demás, ya que no se guían por las opiniones más ampliamente profesadas ni por las tendencias del momento. Sus propias reflexiones y las conclusiones a las que han llegado son para ellos más importantes que las opiniones de otras personas.

Su inquebrantable confianza en sí mismos (¡la más fuerte de entre todos los tipos de personalidad!) suele ser erróneamente percibida como arrogancia, prepotencia o menosprecio hacia los demás.

Resolución de problemas

Los *estrategas* son capaces de percibir los problemas en su totalidad, en un contexto amplio. Los analizan desde diversos ángulos y diferentes perspectivas. No tienen reparos para rechazar informaciones sin importancia, para así concentrarse en datos más relevantes, realizando un análisis objetivo y lógico de los mismos.

Piensan en el futuro: tienen en consideración los diferentes escenarios posibles que se pueden dar, y son capaces de prever las consecuencias a largo plazo de diferentes acciones (o bien la falta de efectos). A veces, a los demás les es difícil seguirles, ya que los *estrategas* a menudo están absortos en la resolución de problemas que todavía no han aparecido. Algunas veces también ponen en práctica ideas tan rebuscadas y - a primera vista - extrañas, que los demás se preguntan cómo es posible pensar algo así. Además, son muy flexibles: toman en consideración los posibles cambios de la situación, y tienen en cuenta nuevas premisas, para luego verificar sus puntos de vista o ideas anteriores.

Comunicación

Su mente está llena de conceptos, ideas e imágenes, que solo ellos pueden entender. En su forma original «en bruto» serían ininteligibles para el entorno, pero los *estrategas* son capaces de «traducirlas» de alguna forma al mundo exterior, presentándolas en forma de sistemas coherentes y ordenados. Demuestran sus razones de forma eficaz y muy convincente, a veces forzando un poco los hechos (para que se ajusten mejor a un sistema coherente).

Saben explicar las teorías complejas mediante imágenes y las ilustran claramente, y con ejemplos sencillos; también tienen la habilidad de convertir las ideas generales en estrategias a largo plazo, listas para ser aplicadas.

Pasión

Los *estrategas* desean mejorar la realidad, arreglar el mundo y ayudar a las personas. Lo hacen no solo ofreciendo soluciones para los problemas, sino también planteando preguntas que incitan a las personas a pensar y les inspiran a actuar, a cambiar de actitud o la forma de ver el mundo. Si están convencidos de algún proyecto, son capaces de entregarse completamente al mismo, sin escatimar energías, ni tener en cuenta el tiempo que deben dedicar a ello, y renunciando al descanso. Les sorprende que no todos compartan su entusiasmo. Les cuesta, a su vez, implicarse en algo de lo que no están convencidos.

Normalmente ven el mundo como una materia a la que puede darse forma y se puede transformar según diversas concepciones e ideas. La posibilidad de «materializar» las ideas y de transformar la realidad supone para ellos una enorme satisfacción. A menudo, son autores de numerosas soluciones efectivas y planes de actuación. Cuando ya han elaborado e implementado con éxito algún sistema, lo delegan de buen grado a otros, mientras que ellos mismos se encargan de otros retos.

Ante situaciones de estrés

Una fuente de problemas para los *estrategas* puede ser su incapacidad para descansar y hacer frente al estrés. En situaciones estresantes pueden comportarse de una forma que no es natural para ellos y que se manifiesta del siguiente modo: distrayéndose, prestando atención a los detalles, volviéndose minuciosos, repitiendo mecánicamente ciertas acciones (por ejemplo, ordenar o limpiar algún objeto). También pueden intentar descargar la tensión recurriendo a sustancias estimulantes.

Aspecto social de la personalidad

Los *estrategas* raramente demuestran sus emociones y son más bien parcos a la hora de hacer elogios. Los demás los perciben como reservados, severos y conservadores. Sin embargo, en realidad son sensibles y se preocupan por los demás, en particular de los más próximos. Su conservadurismo también es aparente. Los *estrategas* están, de hecho, muy abiertos a cualquier novedad, y durante toda su vida buscan activamente nuevas ocurrencias e ideas.

Sin embargo, es cierto que los contactos interpersonales suponen para ellos un desafío importante. Se pierden cuando deben interpretar las emociones y sentimientos de los demás. No perciben el sentido de los pequeños gestos, no les divierte coquetear ni flirtear con los demás. Tampoco tienen la necesidad de un contacto físico con sus interlocutores (por ejemplo, dar palmadas o tocarse). Prefieren la «comunicación a distancia» (por ejemplo, mediante el correo electrónico).

Esperan de los demás que se comporten de forma racional y sensata y que expresen sus pensamientos de forma directa. No les gusta repetirse. No intentan convencer de sus motivos a aquellos que de antemano los rechazan, sin intentar ni siquiera entenderlos. A menudo, suponen que aquello de lo que hablan debería ser evidente para todos. Suele ocurrir que al presentar alguna tesis, no explican de qué forma han llegado hasta ella. Normalmente culpan a los demás de no entender sus «atajos mentales». Su lado fuerte es, a su vez, su buena intuición y su disposición para «arreglar» las relaciones con las personas.

Entre amigos

La seguridad en sí mismos, los conocimientos y la inteligencia de los *estrategas* infunden normalmente respeto. Sin embargo, a menudo son vistos como personas a las que es difícil acercarse, a las que es difícil conocer y que mantienen a todos a distancia. A muchos les irrita que los *estrategas* sean tan «sabiondos», convencidos de que todo lo saben mejor que otros. Algunos, a su vez, temen su mente penetrante, pues piensan que son capaces de leer los pensamientos de la gente. Se sienten, por lo tanto, confusos en su presencia.

Aquellos que los conocen bien saben que en realidad no son personas tan serias ni severas como aparentan ser. Dentro de su grupo de amigos los *estrategas* son capaces de relajarse y pasarlo bien. También tienen un «profundo» sentido del humor y sus chistes y comentarios suelen ser no solo divertidos, sino también brillantes.

Sus amigos valoran su amistad y reconocen su ingenio y sus conocimientos. Los *estrategas* son normalmente unos amigos muy tolerantes, discretos y fieles. Para ellos, tiene mucha importancia la armonía en las relaciones con los demás. A veces, necesitan un cierto grado de libertad, su propio espacio; deben retirarse un poco, retroceder, estar a solas. Esto es una necesidad natural: de esta forma protegen su mundo interior. Sin embargo, esto no se debe a una aversión a la gente.

A los *estrategas* les gustan las reuniones gracias a las cuales pueden enterarse de algo nuevo. Valoran las conversaciones con personas que saben más que ellos o son expertos en un determinado campo. Hacen amistad más frecuenteme nte con *lógicos*, *directores*, *inspectores* y otros *estrategas*. Más raramente, con *presentadores*, *artistas* y *defensores*. Comentan de buen grado sus ideas con sus conocidos y analizan conjuntamente diversas teorías. Sin embargo, las reuniones sociales les cansan, así como las charlas superfluas, los chismes y los gestos corteses.

En el matrimonio

Los *estrategas* son muy independientes, y también desean proporcionar autonomía a sus maridos / esposas. Tratan muy seriamente sus obligaciones para con los familiares. Sus relaciones con los demás son normalmente sanas, duraderas y estables. Los *estrategas* siempre buscan nuevas ideas y desean perfeccionar su comprensión del mundo, lo que a veces los lleva a revalorizar las cosas de forma radical. Con el tiempo, puede también cambiar su modo de comprender sus obligaciones ante los demás.

Su vida transcurre principalmente en su interior: son personas con una gran imaginación. A veces, les cuesta conciliar sus imaginaciones y visiones idealistas con la imperfecta realidad. Por lo general, no tienen grandes necesidades emocionales y difícilmente las perciben en los demás. Normalmente no son efusivos, tampoco colman a sus parejas de cumplidos. Expresan su entrega mediante actos concretos, pero se sienten inseguros confusos en situaciones que requieren interpretar los sentimientos de otras personas o expresar los propios. Sus maridos / esposas pueden tener ciertas carencias en este aspecto. Sin embargo, los *estrategas* siempre aspiran a mejorar la realidad y perfeccionarse. Cuando adoptan esta postura en el matrimonio pueden hacer realmente mucho.

Los candidatos naturales a maridos / esposas de los *estrategas* son personas de tipos de personalidad afines: *lógicos*, *directores* o *innovadores*. En estos matrimonios es más fácil crear una comprensión mutua y unas relaciones armoniosas. Sin embargo, la experiencia muestra que las personas pueden crear relaciones exitosas y felices, también a pesar de una evidente disconformidad tipológica. Aún más, las diferencias entre los cónyuges pueden aportar dinámica a estas relaciones y ayudar al desarrollo personal (a muchas personas esta perspectiva les parece más atractiva que la visión de una relación armoniosa, en la que siempre reina el acuerdo y una plena comprensión mutua).

Las relaciones de los *estrategas* con otras personas son normalmente buenas, ya que por lo general no mantienen las malas relaciones. Cuando llegan a la convicción de que es necesario terminarlas, no tienen reparos para hacerlo. Esto también puede referirse a su relación matrimonial. Sin embargo, la separación o el divorcio no son para ellos en absoluto una experiencia tan dolorosa como podría parecerle a algunos.

Como padres

Los *estrategas* son unos padres muy entregados y concienzudos. Tratan con seriedad su papel de padres. Ayudan a sus hijos a comprender el mundo y les enseñan a pensar de forma independiente y crítica, así como a tomar decisiones de manera autónoma. Normalmente se preocupan mucho por su educación. Desean desarrollar su potencial y educarlos como personas inteligentes e independientes. Sin embargo, suele ocurrir que no valoran sus necesidades emocionales y - por lo tanto - no les muestran suficiente amor, cariño ni ternura. Si no desarrollan esta sensibilidad, pueden causar un cierto distanciamiento emocional entre ellos y sus hijos.

Los *estrategas* que consiguen evitar los errores arriba mencionados son unos padres perfectos y una gran autoridad para sus hijos. Contribuyen también a su desarrollo y les animan a conocer el mundo y a adquirir conocimientos, gracias a lo cual sus hijos normalmente llegan a ser personas responsables, creativas e independientes, que no temen los nuevos desafíos.

Trabajo y carrera profesional

Los *estrategas* son felices cuando pueden poner en práctica conceptos teóricos, así como sistematizar, ordenar y organizar el mundo. Son buenos candidatos para ser científicos, ingenieros e inventores. Se desenvuelven muy bien en cualquier puesto que requiera perspicacia, inteligencia e independencia.

En equipo

A los *estrategas* les gusta el trabajo en solitario, que les proporciona autonomía y no limita su libertad. Les irrita el control excesivo por parte de sus superiores. Valoran la privacidad y no les gusta que alguien altere su tranquilidad y les moleste. Sin embargo, prefieren trabajar junto con otras personas de talento. Se sienten mejor en un grupo flexible, privado de jerarquías rígidas.

Se centran en el objetivo, incluso cuando lo pierden de vista. Siempre respetan los plazos marcados y cumplen sus obligaciones. Las características de los *estrategas* que a menudo irritan a otros trabajadores son: su extrema independencia, el perfeccionismo, la impaciencia, el celo en la realización de las tareas, la seguridad en sí mismos y el convencimiento de que siempre tienen razón.

Empresas

No se encuentran a gusto en empresas en las que el cumplimiento de unas reglas establecidas o unos procedimientos detallados es más importante que las ideas creativas y los logros concretos. Valoran a los superiores que son competentes y confían en sus subordinados, dándoles un margen de libertad en la realización de las tareas confiadas.

Superiores

Los *estrategas* tienen capacidades de liderazgo naturales, pero si pueden, prefieren quedarse en un segundo plano, apoyando a los líderes. Sin embargo, no vacilan cuando la situación requiere que pasen a un primer plano, y lo hacen. A pesar de su falta de «ansias de poder», desempeñan a menudo puestos de dirección: son unos mánager ideales en campos que requieren capacidades organizativas y una planificación estratégica.

Como jefes, se preocupan de la alta eficacia de las empresas o departamentos de los que son responsables. Normalmente tienen unas exigencias elevadas y a veces dan la sensación de ser personas a las que es complicado satisfacer completamente.

Normalmente, pronto dejan a los subordinados valerse por sí mismos. Les ayudan a darse cuenta de los retos del futuro y las condiciones cambiantes. No toleran el desorden, el despilfarro, la pasividad y la falta de compromiso. Son capaces de eliminar - fríamente - cualquier solución poco práctica o inefectiva. Perciben las cosas de forma objetiva, sin carga sentimental o emocional. No se apegan a soluciones concretas y están dispuestos a abandonarlas cuando dejan de ser útiles. Para ellos, no tiene mayor importancia quién las introdujo o cuánto tiempo han sido empleadas.

Profesiones

El conocimiento del perfil de personalidad propio y de las preferencias naturales es una ayuda inestimable a la hora de elegir la carrera profesional más conveniente. La experiencia muestra que los *estrategas* pueden trabajar con éxito y sentirse realizados en diferentes campos, aunque su tipo de personalidad los predispone de forma natural para profesiones tales como:

- administrador,
- analista de sistemas informáticos,
- analista financiero,
- arquitecto,
- científico,
- coordinador de proyecto,
- director de investigación y desarrollo,
- director ejecutivo,

- diseñador de sistemas informáticos,
- diseñador,
- economista,
- escritor,
- especialista en evaluación de riesgos,
- especialista en planificación estratégica,
- fotógrafo,
- informático,
- ingeniero,
- inversor,
- juez,
- jurista,
- mánager,
- médico,
- planificador,
- político,
- profesor universitario,
- profesor,
- programador informático,
- psicólogo,
- redactor,
- técnico.

Potenciales puntos fuertes y débiles

Los *estrategas*, al igual que otros tipos de personalidad, tienen potenciales puntos fuertes y débiles. Este potencial puede ser gestionado de diferentes formas. La felicidad personal y la realización profesional de los *estrategas* dependen de si aprovechan las oportunidades relacionadas con su tipo de personalidad y de si hacen frente a las amenazas que les acechan. He aquí un RESUMEN de estas oportunidades y amenazas:

Puntos fuertes potenciales

Los *estrategas* tienen una mente perspicaz y perciben fácilmente cosas que los demás no ven. Advierten rápidamente los principios generales que rigen el mundo y los esquemas repetidos de comportamientos humanos. Son unos excepcionales analistas y estrategas: son capaces de prever diversos escenarios en el desarrollo de las situaciones, también saben ver los problemas desde una perspectiva amplia y encontrar las mejores soluciones. Son muy independientes y resistentes a la crítica, aunque también pueden cambiar de opinión si ven la posibilidad de perfeccionamiento o de mejores soluciones. Trabajan insistentemente y dedican mucha energía a los asuntos que les importan. Gracias a esto normalmente consiguen los objetivos marcados.

Tienen naturaleza de inventores. La inteligencia, la capacidad para comprender teorías complejas, la lógica y la constancia les permiten encontrar nuevas soluciones o aplicar las existentes de forma nueva y creativa. Tienen un sano sentido de su propio valor. Se desenvuelven bien en situaciones conflictivas, son capaces de valorar los asuntos fríamente: de forma objetiva y sin emociones. Son responsables y tratan muy en serio sus obligaciones. Son capaces de liberarse de relaciones dañinas y tóxicas. Siempre están dispuestos a perfeccionarse, aprender algo nuevo y mejorar las relaciones con las demás personas.

Puntos débiles potenciales

Los *estrategas* tienen, por lo general, dificultades para interpretar los sentimientos y percibir las necesidades emocionales de otras personas. También les cuesta expresar sus propios sentimientos y emociones. Los demás los suelen ver como personas retraídas, insensibles y como personas que mantienen a la gente a distancia. A menudo, con su actitud molestan inconscientemente a los demás y crean tensiones en los contactos con otras personas. Estos problemas pueden conducir al autoaislamiento y el retraimiento. Los *estrategas* pueden entonces sentirse extraños entre las personas y culpar a los demás de los problemas que ellos mismos contribuyeron a crear. En situaciones de conflicto intentan solucionar los problemas con ayuda de argumentos lógicos, apelando al sentido común. No aprecian la importancia de las emociones y sentimientos humanos. Así, no comprenden que muchos problemas pueden ser solucionados prestando a los demás apoyo emocional, animándolos, consolándolos. Es una esfera en la que los *estrategas* se sienten inseguros.

A las personas que conviven con los *estrategas* y a sus compañeros de trabajo a menudo les cansa su continua aspiración a perfeccionarlo todo, su seguridad en sí mismos y la convicción de que siempre tienen razón. Las elevadas exigencias que tienen para con los demás, que a menudo son irreales, también pueden ser un problema. Los *estrategas* tienen un bajo umbral de tolerancia ante las infracciones de los demás y comentan críticamente sus acciones. Ven en todas partes deficiencias, defectos, inexactitudes y errores. Buscan incoherencias en los razonamientos de los demás y lagunas en sus argumentaciones. Su actitud crítica hace que a veces rechacen prematuramente las opiniones y sugerencias de otras personas. Una posible causa de los problemas de los *estrategas* puede ser también su tendencia natural a la adicción al trabajo y su incapacidad para relajarse.

Desarrollo personal

El desarrollo personal de los *estrategas* depende del grado en que utilizan su potencial natural y se sobreponen a los riesgos relacionados con su tipo de personalidad. Los siguientes consejos prácticos constituyen un decálogo característico del *estratega*.

Elogia a los demás

Señalar continuamente a los demás sus errores no les ayuda en absoluto. Sé más moderado en la crítica y más generoso a la hora de valorar y elogiar a las personas. Muestra a los demás afecto y aprovecha cualquier ocasión para decirles algo agradable. ¡Notarás la diferencia y te sorprenderá!

Deja algunos asuntos a su curso natural

No puedes tenerlo todo controlado. No eres capaz de dominar cada asunto. Así que deja los menos importantes a su curso natural. Ahorrarás mucha energía y evitarás la frustración.

Comprende que no hay que mejorarlo todo

Algunas cosas ya son suficientemente buenas. Otras, en cambio, no tiene sentido perfeccionarlas. Sé también más indulgente con los demás. No intentes arreglarlo todo.

No rechaces las ideas y opiniones de otras personas

Antes de juzgarlas como algo sin valor, piensa bien en ellas e intenta comprender qué tienen en mente los demás. No supongas que nadie conoce un determinado tema tan bien como tú.

Percibe las cosas positivas

No busques en todas partes errores, deficiencias o faltas. No te concentres únicamente en los defectos y las deficiencias. Percibe también los aspectos positivos de la vida, las cualidades de las diferentes situaciones y las buenas realizaciones de otras personas.

Deja que los demás tengan razón

Sé consciente de que los demás pueden tener parte e incluso toda (!) la razón. Reconoce que puedes equivocarte y aprende a conceder a otros la razón. (¡Atención! Al principio tus familiares y compañeros de trabajo pueden estar sorprendidos).

Acepta la ayuda de otras personas

Cuando tengas un problema, no dudes en pedir ayuda a los demás y aprovecharla, antes de que la situación se vuelva realmente grave.

Descansa

Intenta alejarte a veces de las obligaciones y hacer algo por puro placer, relax, diversión... Esto te permitirá volver a tus tareas con la mente fresca.

No te aísles de la gente

Posiblemente nunca llegarán a gustarte las reuniones sociales, los chismes, las charlas y los intercambios corteses de palabras amables. Sin embargo, tu vida será más rica si cuidas los contactos con los más próximos y te encuentras con personas con las que compartes pasiones e intereses.

Sonríe

Puede que lo sepas, pero como *estratega* a menudo tienes un semblante serio y amenazador. Aprende a controlar tu mímica y no asustes a la gente con una expresión excesivamente severa de tu rostro. Sonríe más. Algo pequeño, pero puede dar un gran resultado.

Personas conocidas

La lista de personas conocidas que se corresponden con el perfil de *estratega* incluye, entre otros, los siguientes nombres:

- **Isaac Newton** (1643 - 1727), físico, astrónomo, matemático y filósofo inglés; descubridor de la ley de gravitación universal;
- **Thomas Jefferson** (1743 - 1826), tercer presidente de los Estados Unidos;
- **Jane Austen** (1775 - 1817), escritora inglesa, (entre otras obras, *Orgullo y prejuicio*);
- **Karl Marx** (1818 - 1883), filósofo, pensador y activista revolucionario alemán, cofundador de la Primera Internacional;
- **Susan B. Anthony** (1820 - 1906), sufragista estadounidense, fundadora de NWSA, organización que promovía el derecho de las mujeres al voto);

- **Friedrich Nietzsche** (1844 - 1900), filólogo clásico, filósofo y escritor alemán;
- **Lise Meitner** (1878 - 1968), física nuclear austriaca; fue la primera en explicar teóricamente el fenómeno de fragmentación del núcleo atómico;
- **Niels Bohr** (1885 - 1962), físico danés; creador del primer modelo cuántico simplificado de la estructura atómica (Premio Nobel);
- **C. S. Lewis** (1898 - 1963), experto en literatura, pensador y escritor británico (entre otras obras, *Las crónicas de Narnia*);
- **Alan Greenspan** (n. 1926), economista estadounidense, presidente durante muchos años de la Reserva Federal de los EE. UU.; autoridad en el campo de la economía y la política monetaria;
- **Colin Powell** (1937 - 2021), general y político estadounidense;
- **Arnold Schwarzenegger** (n. 1947), culturista y actor estadounidense (entre otras películas, *Terminator*) de origen austriaco, gobernador de California;
- **Dan Aykroyd** (n. 1952), actor canadiense-estadounidense (entre otras películas, *The Blues Brothers*);
- **Lance Armstrong** (n. 1971), ciclista y deportista olímpico estadounidense.

16 tipos de personalidad de forma breve

Administrador (ESTJ)

Lema vital: *¡Hagamos esa tarea!*

Trabajador, responsable y extraordinariamente leal. Enérgico y decidido. Valora el orden, la estabilidad, la seguridad y las reglas claras. Objetivo y concreto. Lógico, racional y práctico. Es capaz de asimilar una gran cantidad de información detallada.

Organizador perfecto. No tolera la ineficiencia, el despilfarro ni la pereza. Fiel a sus convicciones y directo en los contactos. Presenta sus puntos de vista de forma decidida y expresa abiertamente opiniones críticas, por lo que en ocasiones hiere inconscientemente a otras personas.

Tendencias naturales del *administrador*:

- Fuente de energía vital: mundo exterior.
- Asimilación de información: sentidos.
- Toma de decisiones: razón.
- Estilo de vida: organizado.

Tipos de personalidad similares:

- *Animador*
- *Inspector*
- *Pragmático*

Datos estadísticos:

- Los *administradores* constituyen el 10-13% de la sociedad.
- Entre los *administradores* predominan los hombres (60%).
- Un país que se corresponde con el perfil del *administrador* son los Estados Unidos[2].

Código literal:

El código literal universal del *administrador* en las tipologías de personalidad de Jung es ESTJ.

---

[2] Esto no quiere decir que todos los habitantes de los EE. UU. pertenezcan a este tipo de personalidad, sino que la sociedad estadounidense, en su conjunto, tiene muchas características del *administrador*.

Más:

Jarosław Jankowski
Tu tipo de personalidad: Administrador (ESTJ)

Animador (ESTP)

Lema vital: *¡Hagamos algo!*

Enérgico, activo y emprendedor. Le gusta la compañía de otros y sabe pasárselo bien y disfrutar del momento presente. Es espontáneo, flexible y suele estar abierto a los cambios.

Es entusiasta inspirador e iniciador, suele motivar a los demás a actuar. Lógico, racional y extraordinariamente pragmático. Realista. Le aburren las ideas abstractas y las reflexiones sobre el futuro. Procura solucionar los problemas concretos e inmediatos que se le presentan, pero a menudo también tiene dificultades con la organización y la planificación. Suele ser impulsivo. Suele ocurrir que primero actúa y luego piensa.

Tendencias naturales del *animador*:

- Fuente de energía vital: mundo exterior.
- Asimilación de información: sentidos.
- Toma de decisiones: razón.
- Estilo de vida: espontáneo.

Tipos de personalidad similares:

- *Administrador*
- *Pragmático*
- *Inspector*

Datos estadísticos:

- Los *animadores* constituyen el 6-10% de la sociedad.
- Entre los *animadores* predominan los hombres (60%).
- El país que se corresponde con el perfil de *animador* es Australia.

Código literal:

El código literal universal del *animador* en las tipologías de personalidad de Jung es ESTP.

Más:

Jarosław Jankowski
Tu tipo de personalidad: Animador (ESTP)

Artista (ISFP)

Lema vital: *¡Creemos algo!*

Sensible, creativo y original. Tiene un gran sentido de la estética y capacidades artísticas naturales. Independiente, se guía por su propia escala de valores y no cede ante la presión. Optimista y con una actitud positiva hacia la vida; es capaz de disfrutar del momento.

Disfruta ayudando a los demás. Le aburren las teorías abstractas; prefiere crear la realidad que hablar de ella. Sin embargo, le resulta más fácil empezar cosas nuevas que acabar las empezadas antes. Suele tener dificultades para expresar sus propios deseos y necesidades.

Tendencias naturales del *artista*:

- Fuente de energía vital: mundo interior.
- Asimilación de información: sentidos.
- Toma de decisiones: corazón.
- Estilo de vida: espontáneo.

Tipos de personalidad similares:

- *Protector*
- *Presentador*
- *Defensor*

Datos estadísticos:

- Los *artistas* constituyen el 6-9% de la población.
- Entre los *artistas* predominan las mujeres (60%).
- El país que se corresponde con el perfil de *artista* es China.

Código literal:

El código literal universal del *artista* en las tipologías de personalidad de Jung es ISFP.

Más:

Jarosław Jankowski
Tu tipo de personalidad: Artista (ISFP)

Consejero (ENFJ)

Lema vital: *Mis amigos son mi mundo.*

Optimista, entusiasta y gracioso. Amable, sabe actuar con tacto. Tiene el extraordinario don de la empatía y disfruta actuando de forma desinteresada a favor de los demás. Es capaz de influir en sus vidas: inspira, descubre en ellos el potencial oculto que tienen y suscita confianza en sus propias fuerzas. Irradia ternura y atrae a las demás personas. A menudo las ayuda a resolver sus problemas personales.

Suele ser crédulo, aunque un poco ingenuo, y tiene tendencia a ver el mundo de color de rosa. Concentrado en los demás, a menudo se olvida de sus propias necesidades.

Tendencias naturales del *consejero*:

- Fuente de energía vital: mundo exterior.
- Asimilación de información: intuición.
- Toma de decisiones: corazón.
- Estilo de vida: organizado.

Tipos de personalidad similares:

- *Entusiasta*
- *Mentor*
- *Idealista*

Datos estadísticos:

- Los *consejeros* constituyen el 3-5% de la población.
- Entre los *consejeros* predominan claramente las mujeres (80%).
- El país que se corresponde con el perfil de *consejero* es Francia.

Código literal:

El código literal universal del *consejero* en las tipologías de personalidad de Jung es ENFJ.

Más:

Jarosław Jankowski
Tu tipo de personalidad: Consejero (ENFJ)

Defensor (ESFJ)

Lema vital: *¿Cómo puedo ayudarte?*

Entusiasta, enérgico y bien organizado. Práctico, responsable, concienzudo. Cordial y extraordinariamente sociable.

Percibe los sentimientos humanos, las emociones y necesidades. Valora la armonía. Soporta mal la crítica y los conflictos. Es sensible a todas las manifestaciones de injusticia y protesta cuando ve que lastiman a otras personas. Se interesa sinceramente por los problemas de los demás y siente una verdadera alegría al ayudarlos. Al velar por sus necesidades a menudo desatiende las suyas propias. Tiene tendencia a hacer por los demás cosas que ellos mismos deberían hacer. Suele ser susceptible a la manipulación.

Tendencias naturales del *defensor*:

- Fuente de energía vital: mundo exterior.
- Asimilación de información: sentidos.
- Toma de decisiones: corazón.
- Estilo de vida: organizado.

Tipos de personalidad similares:

- Presentador
- Protector
- Artista

Datos estadísticos:

- Los *defensores* constituyen el 10-13% de la población.
- Entre los *defensores* predominan claramente las mujeres (70%).
- El país que se corresponde con el perfil de *defensor* es Canadá.

Código literal:

El código literal universal del *defensor* en las tipologías de personalidad de Jung es ESFJ.

Más:

Jarosław Jankowski
Tu tipo de personalidad: Defensor (ESFJ)

Director (ENTJ)

Lema vital: *Os diré lo que hay que hacer.*

Independiente, activo y decidido. Racional, lógico y creativo. Percibe un contexto más amplio de los problemas analizados y es capaz de prever las futuras consecuencias de las acciones humanas. Se caracteriza por el optimismo y un sensato sentido de su propio valor. Es capaz de transformar conceptos teóricos en planes de actuación concretos y prácticos.

Visionario, mentor y organizador. Tiene unas capacidades de liderazgo innatas. Su fuerte personalidad, su criticismo y su estilo directo a menudo intimidan a los demás y provocan problemas en sus relaciones interpersonales.

Tendencias naturales del *director:*

- Fuente de energía vital: mundo exterior.
- Asimilación de información: intuición.
- Toma de decisiones: razón.
- Estilo de vida: organizado.

Tipos de personalidad similares:

- *Innovador*
- *Estratega*
- *Lógico*

Datos estadísticos:

- Los *directores* constituyen el 2-5% de la población.

- Entre los *directores* predominan claramente los hombres (70%).
- El país que se corresponde con el perfil de *director* es Holanda.

Código literal:

El código literal universal del *director* en las tipologías de personalidad de Jung es ENTJ.

Más:

Jarosław Jankowski
Tu tipo de personalidad: Director (ENTJ)

Entusiasta (ENFP)

Lema vital: *¡Podemos hacerlo!*

Enérgico, entusiasta y optimista. Es capaz de disfrutar de la vida y piensa a largo plazo. Dinámico, ingenioso y creativo. Le gustan las personas y aprecia las relaciones sinceras y auténticas. Cálido, cordial y emocional. Soporta mal la crítica. Tiene el don de la empatía y percibe las necesidades, los sentimientos y los motivos de los demás. Los inspira y los contagia con su entusiasmo.

Le gusta estar en el centro de los acontecimientos. Es flexible y capaz de improvisar. Es propenso a tener ocurrencias idealistas. Se distrae con facilidad y tiene problemas para llevar los asuntos hasta el final.

Tendencias naturales del *entusiasta*:

- Fuente de energía vital: mundo exterior.
- Asimilación de información: intuición.
- Toma de decisiones: corazón.
- Estilo de vida: espontáneo.

Tipos de personalidad similares:

- *Consejero*
- *Idealista*
- *Mentor*

Datos estadísticos:

- Los *entusiastas* constituyen el 5-8% de la población.
- Entre los *entusiastas* predominan las mujeres (60%).
- El país que se corresponde con el perfil de *entusiasta* es Italia.

Código literal:

El código literal universal del *entusiasta* en las tipologías de personalidad de Jung es ENFP.

Más:

Jarosław Jankowski
Tu tipo de personalidad: Entusiasta (ENFP)

Estratega (INTJ)

Lema vital: *Esto puede perfeccionarse.*

Independiente, marcado individualismo, con una enorme cantidad de energía interna. Creativo e ingenioso. Visto por los demás como competente y seguro de sí mismo y, a la vez, como distante y enigmático. Mira cada asunto desde una perspectiva amplia. Desea perfeccionar y ordenar el mundo que le rodea.

Bien organizado, responsable, crítico y exigente. Es difícil sacarlo de sus casillas, pero también es difícil satisfacerlo totalmente. Por lo general, tiene problemas para interpretar los sentimientos y emociones de otras personas.

Tendencias naturales del *estratega*:

- Fuente de energía vital: mundo interior.
- Asimilación de información: intuición.
- Toma de decisiones: razón.
- Estilo de vida: organizado.

Tipos de personalidad similares:

- *Lógico*
- *Director*
- *Innovador*

Datos estadísticos:

- Los *estrategas* constituyen el 1-2% de la población.

- Entre los *estrategas* predominan claramente los hombres (80%).
- El país que se corresponde con el perfil de *estratega* es Finlandia.

Código literal:

El código literal universal del *estratega* en las tipologías de personalidad de Jung es INTJ.

Más:

Jarosław Jankowski
Tu tipo de personalidad: Estratega (INTJ)

Idealista (INFP)

Lema vital: *Se puede vivir de otra manera.*

Sensible, leal, creativo. Desea vivir según los valores que profesa. Muestra interés por la realidad espiritual y ahonda en los secretos de la vida. Suele conmoverse por los problemas del mundo y está abierto a las necesidades de otras personas. Valora la armonía y el equilibrio.

Romántico: es capaz de demostrar amor, pero él mismo también necesita cariño y afecto. Interpreta perfectamente los motivos y sentimientos de otras personas. Crea relaciones sanas, profundas y duraderas. En situaciones de conflicto lo pasa mal, no sabe qué hacer. No resiste el estrés y la crítica.

Tendencias naturales del *idealista*:

- Fuente de energía vital: mundo interior.
- Asimilación de información: intuición.
- Toma de decisiones: corazón.
- Estilo de vida: espontáneo.

Tipos de personalidad similares:

- *Mentor*
- *Entusiasta*
- *Consejero*

Datos estadísticos:

- Los *idealistas* constituyen el 1-4% de la población.
- Entre los *idealistas* predominan las mujeres (60%).
- El país que se corresponde con el perfil de *idealista* es Tailandia.

Código literal:

El código literal universal del *idealista* en las tipologías de personalidad de Jung es INFP.

Más:

Jarosław Jankowski
Tu tipo de personalidad: Idealista (INFP)

Innovador (ENTP)

Lema vital: *Y si probamos a hacerlo de otra forma...*

Ingenioso, original e independiente. Optimista. Enérgico y emprendedor. Persona de acción: le gusta estar en el centro de los acontecimientos y resolver «problemas irresolubles». Tiene curiosidad por el mundo, y es propenso al riesgo y suele ser impaciente. Visionario, abierto a nuevas ideas y ocurrencias. Le gustan las nuevas experiencias y los experimentos. Percibe las relaciones entre acontecimientos concretos y piensa a largo plazo.

Espontáneo, comunicativo y seguro de sí mismo. Propenso a sobrevalorar sus propias posibilidades. Tiene problemas para llevar los asuntos hasta el final.

Tendencias naturales del *innovador.*

- Fuente de energía vital: mundo exterior.
- Asimilación de información: intuición.
- Toma de decisiones: razón.
- Estilo de vida: espontáneo.

Tipos de personalidad similares:

- *Director*
- *Lógico*
- *Estratega*

Datos estadísticos:

- Los *innovadores* constituyen el 3-5% de la población.
- Entre los *innovadores* predominan claramente los hombres (70%).
- El país que se corresponde con el perfil de *innovador* es Israel.

Código literal:

El código literal universal del *innovador* en las tipologías de personalidad de Jung es ENTP.

Más:

Jarosław Jankowski
Tu tipo de personalidad: Innovador (ENTP)

Inspector (ISTJ)

Lema vital: *Primero las obligaciones.*

Una persona con la que siempre se puede contar. Educado, puntual, cumplidor, concienzudo, responsable: «persona de confianza». Analítico, metódico, sistemático y lógico. Los otros lo ven como reservado, frío y serio. Aprecia la tranquilidad, la estabilidad y el orden. No le gustan los cambios. En cambio, le gustan los principios claros y las reglas concretas.

Trabajador y perseverante, es capaz de llevar los asuntos hasta el final. Perfeccionista. Quiere controlarlo todo. Parco en elogios. No aprecia el valor de los sentimientos y las emociones de otras personas.

Tendencias naturales del *inspector*:

- Fuente de energía vital: mundo interior.
- Asimilación de información: sentidos.
- Toma de decisiones: razón.
- Estilo de vida: organizado.

Tipos de personalidad similares:

- *Pragmático*
- *Administrador*
- *Animador*

Datos estadísticos:

- Los *inspectores* constituyen el 6-10% de la población.
- Entre los *inspectores* predominan los hombres (60%).
- El país que se corresponde con el perfil de *inspector* es Suiza.

Código literal:

El código literal universal del *inspector* en las tipologías de personalidad de Jung es ISTJ.

Más:

Jarosław Jankowski
Tu tipo de personalidad: Inspector (ISTJ)

Lógico (INTP)

Lema vital: *Lo más importante es conocer la verdad acerca del mundo.*

Original, ingenioso y creativo. Le gusta resolver problemas de índole teórica. Analítico, brillante y con una actitud entusiasta hacia las nuevas ideas. Es capaz de relacionar fenómenos concretos y deducir de ellos principios generales y teorías. Lógico, preciso e indagador. Percibe rápidamente los síntomas de incoherencia e inconsecuencia.

Independiente y escéptico ante las soluciones y autoridades establecidas. Tolerante y abierto a los nuevos retos. Se suele quedar absorto en sus reflexiones, a veces pierde el contacto con el mundo exterior.

Tendencias naturales del *lógico*:

- Fuente de energía vital: mundo interior.
- Asimilación de información: intuición.
- Toma de decisiones: razón.
- Estilo de vida: espontáneo.

Tipos de personalidad similares:

- *Estratega*
- *Innovador*
- *Director*

Datos estadísticos:

- Los *lógicos* constituyen el 2-3% de la población.
- Entre los *lógicos* predominan claramente los hombres (80%).
- El país que se corresponde con el perfil de *lógico* es la India.

Código literal:

El código literal universal del *lógico* en las tipologías de personalidad de Jung es INTP.

Más:

Jarosław Jankowski
Tu tipo de personalidad: Lógico (INTP)

Mentor (INFJ)

Lema vital: *¡El mundo puede ser mejor!*

Creativo, sensible, adelantado a su tiempo, capaz de ver las posibilidades que los demás no ven. Idealista y visionario orientado a la ayuda a las personas. Concienzudo, responsable y al mismo tiempo amable, solícito y amistoso. Se esfuerza por entender los mecanismos que rigen el mundo y trata de ver los problemas desde una perspectiva más amplia.

Excelente oyente y observador. Se caracteriza por una extraordinaria empatía, por su intuición y la confianza en las personas. Es capaz de interpretar los sentimientos y las emociones.

Soporta mal la crítica y las situaciones de conflicto. Puede parecer enigmático.

Tendencias naturales del *mentor*:

- Fuente de energía vital: mundo interior.
- Asimilación de información: intuición.
- Toma de decisiones: corazón.
- Estilo de vida: organizado.

Tipos de personalidad similares:

- *Idealista*
- *Consejero*
- *Entusiasta*

Datos estadísticos:

- Los *mentores* constituyen aproximadamente el 1% de la población y son el tipo de personalidad menos frecuente.
- Entre los *mentores* predominan claramente las mujeres (80%).
- El país que se corresponde con el perfil de *mentor* es Noruega.

Código literal:

El código literal universal del *mentor* en las tipologías de personalidad de Jung es INFJ.

Más:

Jarosław Jankowski
Tu tipo de personalidad: Mentor (INFJ)

Pragmático (ISTP)

Lema vital: *Los actos son más importantes que las palabras.*

Optimista, espontáneo y con una actitud positiva hacia la vida. Comedido e independiente. Fiel a sus propias convicciones y escéptico ante las normas y principios externos. Le aburren las teorías y las reflexiones sobre el futuro.

Prefiere actuar y solucionar problemas concretos y tangibles.

Se adapta bien a los nuevos lugares y situaciones. Le gustan los nuevos retos y el riesgo. Es capaz de mantener la sangre fría ante las amenazas y los peligros. Su taciturnidad y su extrema sobriedad a la hora de expresar opiniones hace que suela ser indescifrable para los demás.

Tendencias naturales del *pragmático*:

- Fuente de energía vital: mundo interior.
- Asimilación de información: sentidos.
- Toma de decisiones: razón.
- Estilo de vida: espontáneo.

Tipos de personalidad similares:

- *Inspector*
- *Animador*
- *Administrador*

Datos estadísticos:

- Los *pragmáticos* constituyen el 6-9% de la población.
- Entre los *pragmáticos* predominan los hombres (60%).
- El país que se corresponde con el perfil de *pragmático* es Singapur.

Código literal:

El código literal universal del *pragmático* en las tipologías de personalidad de Jung es ISTP.

Más:

Jarosław Jankowski
Tu tipo de personalidad: Pragmático (ISTP)

Presentador (ESFP)

Lema vital: *¡Hoy es el momento perfecto!*

Optimista, enérgico y abierto a las personas. Es capaz de disfrutar de la vida y pasarlo bien. Práctico y al mismo tiempo flexible y espontáneo. Le gustan los cambios y las nuevas experiencias. Soporta mal la soledad, el estancamiento y la rutina. Se siente bien estando en el centro de atención.

Tiene unas capacidades interpretativas naturales y es capaz de hablar de una forma que despierta el interés y el entusiasmo de los oyentes. Al concentrarse en el día de hoy, a veces pierde de vista los objetivos a largo plazo. Suele tener problemas a la hora de prever las consecuencias de sus actos.

Tendencias naturales del *presentador*:

- Fuente de energía vital: mundo exterior.
- Asimilación de información: sentidos.
- Toma de decisiones: corazón.
- Estilo de vida: espontáneo.

Tipos de personalidad similares:

- *Defensor*
- *Artista*
- *Protector*

Datos estadísticos:

- Los *presentadores* constituyen el 8 -13% de la población.
- Entre los *presentadores* predominan las mujeres (60%).
- El país que se corresponde con el perfil de *presentador* es Brasil.

Código literal:

El código literal universal del *presentador* en las tipologías de personalidad de Jung es ESFP.

Más:

Jarosław Jankowski
Tu tipo de personalidad: Presentador (ESFP)

Protector (ISFJ)

Lema vital: *Me importa tu felicidad.*

Sincero, tierno, modesto, digno de confianza y extraordinariamente leal. Pone en primer lugar a los demás: percibe sus necesidades y desea ayudarles. Práctico, bien organizado y responsable. Paciente, trabajador y perseverante: es capaz de llevar los asuntos hasta el final.

Observa y recuerda los detalles. Valora mucho la tranquilidad, la estabilidad y las relaciones amistosas con los demás. Es capaz de tender puentes entre las personas. Soporta mal los conflictos y la crítica. Tiene un fuerte sentido de la responsabilidad y siempre está dispuesto a ayudar. Los demás suelen aprovecharse de él.

Tendencias naturales del *protector*:

- Fuente de energía vital: mundo interior.
- Asimilación de información: sentidos.
- Toma de decisiones: corazón.
- Estilo de vida: organizado.

Tipos de personalidad similares:

- *Artista*
- *Defensor*
- *Presentador*

Datos estadísticos:

- Los *protectores* constituyen el 8-12% de la población.

- Entre los *protectores* predominan claramente las mujeres (70%).
- El país que se corresponde con el perfil de *protector* es Suecia.

Código literal:

El código literal universal del *protector* en las tipologías de personalidad de Jung es ISFJ.

Más:

Jarosław Jankowski
Tu tipo de personalidad: Protector (ISFJ)

Apéndice

Las cuatro tendencias naturales

1. Fuente de energía vital dominante

   o MUNDO EXTERIOR
     Personas que obtienen energía del
     exterior, que necesitan actividad y
     contacto con los demás. Soportan
     mal la soledad prolongada.

   o MUNDO INTERIOR
     Personas que obtienen energía del
     mundo interior, que necesitan
     silencio y soledad. Se sienten
     agotados cuando están mucho
     tiempo en medio de un grupo.

2. Forma dominante de asimilación de la información

   o SENTIDOS
     Personas que dependen de los cinco sentidos. Les convencen los hechos y las pruebas. Les gustan los métodos comprobados y las tareas prácticas y concretas. Son realistas y se basan en la experiencia.

   o INTUICIÓN
     Personas que dependen de un sexto sentido, que se guían por los presentimientos. Les gustan las soluciones innovadoras y los problemas de índole teórica. Se caracterizan por su enfoque creativo de las tareas y por su capacidad de previsión.

3. Forma de toma de decisiones dominante

   o RAZÓN
     Personas que se guían por la lógica y los principios objetivos. Críticos y directos a la hora de expresar sus opiniones.

   o CORAZÓN
     Personas que se guían por los sentimientos y los valores. Anhelan

la armonía y necesitan estar bien con los demás.

4. Estilo de vida dominante

    o   ORGANIZADO
        Personas concienzudas y organizadas. Valoran el orden, son personas a quienes les gusta actuar según un plan.

    o   ESPONTÁNEO
        Personas espontáneas, que valoran la libertad. Disfrutan del momento y se encuentran a gusto en situaciones nuevas.

Porcentaje orientativo de los diferentes tipos de personalidad en la población

Tipo de personalidad:	Porcentaje:
Administrador (ESTJ):	10 – 13%
Animador (ESTP):	6 – 10%
Artista (ISFP):	6 – 9%
Consejero (ENFJ):	3 – 5 %
Defensor (ESFJ):	10 – 13%
Director (ENTJ):	2 – 5%
Entusiasta (ENFP):	5 – 8%
Estratega (INTJ):	1 – 2%
Idealista (INFP):	1 – 4%
Innovador (ENTP):	3 – 5%
Inspector (ISTJ):	6 – 10%

Lógico (INTP):   2 – 3%
Mentor (INFJ):   aprox. 1%
Pragmático (ISTP):   6 – 9%
Presentador (ESFP):   8 – 13%
Protector (ISFJ):   8 – 12%

Porcentaje orientativo de mujeres y hombres entre las personas con un determinado tipo de personalidad

Tipo de personalidad:	Mujere/ hombres:
Administrador (ESTJ):	40% / 60%
Animador (ESTP):	40% / 60%
Artista (ISFP):	60% / 40%
Consejero (ENFJ):	80% / 20%
Defensor (ESFJ):	70% / 30%
Director (ENTJ):	30% / 70%
Entusiasta (ENFP):	60% / 40%
Estratega (INTJ):	20% / 80%
Idealista (INFP):	60% / 40%
Innovador (ENTP):	30% / 70%
Inspector (ISTJ):	40% / 60%
Lógico (INTP):	20% / 80%
Mentor (INFJ):	80% / 20%
Pragmático (ISTP):	40% / 60%
Presentador (ESFP):	60% / 40%
Protector (ISFJ):	70% / 30%

Bibliografía

- Arraj James, *Tracking the Elusive Human, Volume 2: An Advanced Guide to the Typological Worlds of C. G. Jung, W.H. Sheldon, Their Integration, and the Biochemical Typology of the Future*, Inner Growth Books, 1990.

- Arraj Tyra, Arraj James, *Tracking the Elusive Human, Volume 1: A Practical Guide to C.G. Jung's Psychological Types, W.H. Sheldon's Body and Temperament Types and Their Integration*, Inner Growth Books, 1988.

- Berens Linda V., Cooper Sue A., Ernst Linda K., Martin Charles R., Myers Steve, Nardi Dario, Pearman Roger R., Segal Marci, Smith Melissa A., *Quick Guide to the 16 Personality Types in Organizations: Understanding Personality Differences in the Workplace*, Telos Publications, 2002.

- Geier John G., Downey E. Dorothy, *Energetics of Personality*, Aristos Publishing House, 1989.

- Hunsaker Phillip L., Alessandra J. Anthony, *The Art of Managing People*, Simon and Schuster, 1986.

- Jung Carl Gustav, *Tipos psicológicos*, Trotta, 2013.

- Kise Jane A. G., Stark David, Krebs Hirsch Sandra, *LifeKeys: Discover Who You Are*, Bethany House, 2005.

- Kroeger Otto, Thuesen Janet, *Type Talk or How to Determine Your Personality Type and Change Your Life*, Delacorte Press, 1988.

- Lawrence Gordon, *Looking at Type and Learning Styles*, Center for Applications of Psychological Type, 1997.

- Lawrence Gordon, *People Types and Tiger Stripes*, Center for Applications of Psychological Type, 1993.

- Maddi Salvatore R., Personality Theories: *A Comparative Analysis*, Waveland, 2001.

- Martin Charles R., *Looking at Type: The Fundamentals Using Psychological Type To Understand and Appreciate Ourselves and Others*, Center for Applications of Psychological Type, 2001.

- Meier C.A., *Personality: The Individuation Process in the Light of C. G. Jung's Typology*, Daimon Verlag, 2007.

- Pearman Roger R., Albritton Sarah, *I'm Not Crazy, I'm Just Not You: The Real Meaning of the Sixteen Personality Types*, Davies-Black Publishing, 1997.

- Segal Marci, *Creativity and Personality Type: Tools for Understanding and Inspiring the Many Voices of Creativity*, Telos Publications, 2001.

- Sharp Daryl, *Personality Type: Jung's Model of Typology*, Inner City Books, 1987. Spoto Angelo, Jung's Typology in Perspective, Chiron Publications, 1995.

- Tannen Deborah, *Tú no me entiendes*, Círculo de lectores, 1992.

- Thomas Jay C., Segal Daniel L., *Comprehensive Handbook of Personality and Psychopathology*, Personality and Everyday Functioning, Wiley, 2005.

- Thomson Lenore, *Personality Type: An Owner's Manual*, Shambhala, 1998.

- Tieger Paul D., Barron-Tieger Barbara, *Just Your Type: Create the Relationship You've Always Wanted Using the Secrets of Personality Type*, Little, Brown and Company, 2000.

- Von Franz Marie-Louise, Hillman James, *Lectures on Jung's Typology*, Continuum International Publishing Group, 1971.